# BEI GRIN MACHT SICH IH WISSEN BEZAHLT

- Wir veröffentlichen Ihre Hausarbeit, Bachelor- und Masterarbeit

- Ihr eigenes eBook und Buch - weltweit in allen wichtigen Shops

- Verdienen Sie an jedem Verkauf

## Jetzt bei www.GRIN.com hochladen und kostenlos publizieren

Andreas Noak

# Die Bedeutung von Personalinformationssystemen in der Literatur zur Wirtschaftsinformatik

GRIN Verlag

**Bibliografische Information der Deutschen Nationalbibliothek:**

Die Deutsche Bibliothek verzeichnet diese Publikation in der Deutschen National-
bibliografie; detaillierte bibliografische Daten sind im Internet über http://dnb.d-
nb.de/ abrufbar.

**Impressum:**

Copyright © 2012 GRIN Verlag GmbH
Druck und Bindung: Books on Demand GmbH, Norderstedt Germany
ISBN: 978-3-656-58652-4

**Dieses Buch bei GRIN:**

http://www.grin.com/de/e-book/268082/die-bedeutung-von-personalinformations-
systemen-in-der-literatur-zur-wirtschaftsinformatik

**GRIN - Your knowledge has value**

Der GRIN Verlag publiziert seit 1998 wissenschaftliche Arbeiten von Studenten, Hochschullehrern und anderen Akademikern als eBook und gedrucktes Buch. Die Verlagswebsite www.grin.com ist die ideale Plattform zur Veröffentlichung von Hausarbeiten, Abschlussarbeiten, wissenschaftlichen Aufsätzen, Dissertationen und Fachbüchern.

**Besuchen Sie uns im Internet:**

http://www.grin.com/

http://www.facebook.com/grincom

http://www.twitter.com/grin_com

# FernUniveraität in Hagen

## Fakultät für Wirtschaftswissenschaft

Lehrstuhl für Betriebswirtschaftslehre, insbes.
Entwicklung von Informationssystemen

## Seminararbeit zum Thema

Die Bedeutung von Personalinformationssystemen in der

Literatur zur Wirtschaftsinformatik

Seminar:       Wirtschaftsinformatik

Name:          Andreas Noak

Abgabedatum:   07.05.2012

# Inhaltsverzeichnis

# Abbildungsverzeichnis

# Tabellenverzeichnis

IV

# Abkürzungsverzeichnis

| | |
|---|---|
| DSS | Decision Support System |
| ehR(M) | electronic Human Resource (Management) |
| EIS | Executive Information System |
| ERP | Enterprise Resource Planning |
| ESS | Employee Self Service |
| EUS | Entscheidungsunterstützungssystem |
| FIS | Führungsinformationssystem |
| GUI | Graphical User Interface |
| HMD | HMD - Praxis der Wirtschaftsinformatik (Zeitschrift) |
| HRIS | Human Resource Information System |
| IM | IM - Information Management & Consulting (Zeitschrift) |
| IS | Informationssystem |
| IT | Informationstechnik |
| Jg. | Jahrgang |
| MIS | Management-Informationssystem |
| MISQ | MIS Quarterly (Zeitschrift) |
| MSS | Manager Self Service |
| PC | Personalcomputer |
| PIS | Personalinformationssystem |
| SaaS | Software-as-a-Service |
| SOA | serviceorientierte Architektur |
| WI | Wirtschaftsinformatik (Zeitschrift) |

# 1 Einleitung

Der im Rahmen der sog. Digitalen Revolution seit Beginn der 1980er Jahre voranschreitende Einzug moderner Informations- und Kommunikationstechnologie in alle betrieblichen Funktionsbereiche hat sukzessive auch das Personalwesen erfasst und erstreckt sich inzwischen selbst auf schwerer zu strukturierende Problemstellungen.

Die für die einzelnen Teilaufgaben des Personalwesens in großer Vielfalt angebotenen Lösungsansätze werden in der Literatur zumeist unter dem Stichwort „Personalinformationssystem" (PIS) diskutiert, für welches sich im englischsprachigen Raum der nachfolgend synonym verwendete Begriff „Human Resource Information System" (HRIS) durchgesetzt hat. In jüngeren Publikationen haben u. a. auch die Begriffe „Personalmanagementsystem" oder „electronic Human Resources (eHR)" Verwendung gefunden.

Vor diesem Hintergrund stellt sich aus wissenschaftlicher Sicht die Frage, inwiefern diese Begriffe mit Blick auf die einschlägige Literatur voneinander abgegrenzt werden können, oder ob definitorische Unschärfen verbleiben. Ausgangspunkt dieser Arbeit bildet somit der Versuch, PIS begrifflich abzugrenzen und innerhalb der Wirtschaftsinformatik einzuordnen. Anschließend soll untersucht werden, ab wann diese Systemklasse seit Beginn der digitalen Revolution in der wissenschaftlichen Literatur behandelt wurde, seit wann also ein wissenschaftliches Interesse daran existiert.

Hierauf aufbauend wird herauszustellen sein, auf welche Aspekte von PIS sich dieses Interesse seitdem bezogen, und wie sich die Betrachtung dieser Aspekte im Spiegel der wissenschaftlichen Literatur gewandelt hat.

Aus den aus der Literatur gewonnenen Erkenntnissen soll schließlich ein Fazit gezogen werden, in welchem die wissenschaftliche Bedeutung von PIS für die Wirtschaftsinformatik zusammenfassend als eher hoch oder eher niedrig eingestuft, und ein kurzer Ausblick auf mögliche, zukünftige Forschungsschwerpunkte gegeben wird.

2

## 2 Begriffsdefinitionen und -abgrenzungen

Hansen (1996, S. 69 oben) definiert ein rechnergestütztes Informationssystem (IS) als „ein System, bei dem die Erfassung, Speicherung, Übertragung und/oder Transformation von Information durch den Einsatz der Informationstechnik (IT) teilweise automatisiert ist." Bestandteile eines IS sind damit, im Gegensatz zu Anwendungssystemen, nicht nur die technischen Komponenten Hard- und Software, sondern auch die damit interagierenden menschlichen Benutzer (vgl. Lehner 2008, S. 178).

Üblicherweise werden IS nach der zugrundeliegenden Managementaufgabe in Administrations- und Dispositionssysteme zur Verarbeitung von Massendaten oder Vorbereitung kurzfristiger Entscheidungen einerseits, und Führungssysteme zur Unterstützung von Planungs- und Kontrollaufgaben andererseits unterteilt (vgl. Schwarzer und Krcmar 1996, S. 13 f.). Es stellt sich daher die Frage, wie sich PIS, als IS des Personalwesens, in diese Kategorisierung einordnen lassen.

Bereits ein Blick auf die in der Literatur vertretenen Definitionen des Begriffs zeigt, dass teilweise sehr unterschiedliche Auffassungen darüber existieren, welche Merkmale ein PIS bzw. HRIS im Kern als solche charakterisieren.

Nach Schwarzer und Krcmar (2010, S 166) kann von PIS mit Blick auf deren Funktionsumfang gesprochen werden, wenn neben administrativen Prozessen des Personalwesens wie der Lohn- und Gehaltsabrechnung und Personalstammdatenverwaltung auch dispositive Prozesse wie der Personalauswahl oder Personaleinsatzplanung unterstützt werden. Hendrickson (2003, S. 382) orientiert sich hingegen an den Formen automatisierter Datenverarbeitung und definiert HRIS als integrierte Systeme, die zur Erfassung, Speicherung und Analyse der das Personal einer Organisation betreffenden Informationen genutzt werden. Eine Elemente beider Sichtweisen verbindende Definition findet sich schließlich bei Mülder (2000, S. 98, 2. Absatz): Computergestützte PIS ermöglichen demnach „die Erfassung, Speicherung, Verarbeitung, Weitergabe und Ausgabe von Informationen, die zur Unterstützung administrativer und dispositiver personalwirtschaftlicher Aufgaben notwendig sind."

Allen drei Definitionen ist dabei gemein, dass in funktioneller Hinsicht keine Eingrenzung vorgenommen wird, dass also keine personalwirtschaftlichen Tätigkeitsfelder von Vornherein von einer Unterstützung durch PIS ausgeschlossen werden. Im Gegensatz hierzu finden sich auch solche Publikationen, in denen PIS als reine Analyse- und Berichtssysteme zur Information der Führungsebene, mithin als reine Führungsinformationssysteme betrachtet werden (vgl. Holey 2007, S. 298). Strohmeier (2008, S. 69) führt hierfür den – nachfolgend auch in dieser Arbeit verwendeten - Begriff der „PIS im engeren Sinne" ein.

Zusammenfassend ist zunächst festzuhalten, dass PIS bzw. HRIS definitionsgemäß nicht auf administrative Aufgaben beschränkt sind, und deshalb regelmäßig den Führungssystemen zugeordnet werden (vgl. Schwarzer und Krcmar 1996, S. 14). Konsequenterweise werden Systeme, deren Funktionsumfänge lediglich die Personalabrech-

3

nung einschließen – auch in Definitionen älterer Publikationen - übereinstimmend nicht als PIS betrachtet (vgl. Mertens 2001, S.365; Stahlknecht 1983, S.269).

Die Entstehung von PIS lässt sich auf das Scheitern des in den 1960er Jahren verfolgten und später als utopisch verworfenen Gedankens zurückführen, ein alle betriebliche Funktionen und Prozesse umfassendes Management-Informationssystem (MIS) zu schaffen, das sämtliche Managementebenen der Unternehmenshierarchie mit Informationen versorgt (vgl. Heinrich, 2001, S. 184). DeSanctis (1986, S. 23 f.) beschreibt die seinerzeit zunehmende Tendenz US-amerikanischer Personalabteilungen, technisch eigenständige IS einzurichten. Erst infolge zunehmender Integration der funktionalen Teilsysteme sowie des Einzuges leistungsstärkerer Hardware wurde der MIS-Gedanke Mitte der 1980er Jahre wiederaufgegriffen und zu sog. Executive Information Systemen (EIS) oder Führungsinformationssystemen (FIS) weiterentwickelt (vgl. Gluchowski et al. 2008, S. 74). Der Vorteil gegenüber den früheren MIS bestand dabei u. a. in den vielfältigen Möglichkeiten mehrdimensionaler Auswertungen unterschiedlich stark verdichteter Daten. Daneben existieren sog. Decision Support Systeme (DSS), auch Entscheidungsunterstützungssysteme (EUS) genannt, welche die Entscheidungsträger zusätzlich mit Modellen und Methoden unterstützen.

Eine gängige Einordnung dieser Systemklassen in eine Systemhierarchie veranschaulicht folgende Abb. 1. Der gelb umrandete Bereich markiert den maximalen Funktionsumfang eines PIS.

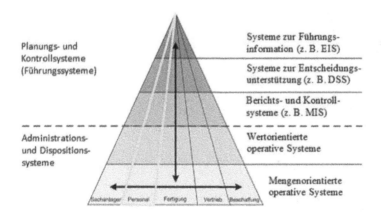

**Abb. 1**    Systempyramide (in Anlehnung an Gluchowski et al. 2008, S. 5)

Während die Begriffe „Personalinformationssystem" bzw. „Human Resource Information System" bereits in den 1970er Jahren geläufig waren (vgl. Domsch 1972), begann eine wissenschaftliche Auseinandersetzung damit erst relativ spät, und auch dann eher zögerlich, gegen Mitte der 1980er Jahre (vgl. Ruël et al. 2011, S. 21). Bei näherer Betrachtung der Literatur fällt zudem, insbesondere in jüngeren Publikationen, auf, dass immer wieder neuartige Begriffe zur Beschreibung computergestützter Aufgaben des Personalwesens eingeführt wurden:

So bezeichnete etwa Strohmeier (1995, S. 249 f.) Systeme, die auf der Basis eines PIS i. e. S. weitere Funktionalitäten wie Personalplanung oder Entgeltmanagement übernehmen, als „Personalmanagementsysteme". Bei Alde (2011, S. 8) werden Personalmanagementsysteme als „Informationssysteme für die Personalwirtschaft" bezeichnet und im weiteren Verlauf mit HRIS gleichgesetzt. Schließlich hat der Begriff in einige praxisorientierte Beiträge personalwirtschaftlicher Periodika Einzug gefunden (vgl. Friedl 2005; Fellberg et. al. 1997). Mit Blick auf o. g. Begriffsdefinitionen ist somit festzustellen, dass die Begriffe „Personalmanagementsystem" und „Personalinformationssystem" weitestgehend synonym verwendet werden, letzterer jedoch zumindest in der wirtschaftsinformatischen Literatur vorherrschend ist.

Der Begriff des „electronic Human Resources (Management)" bezeichnet hingegen die internet- bzw. intranetbasierte Art der IT-Anwendung im Personalwesen, sofern daran mindestens zwei Aufgabenträger beteiligt sind. Dabei werden organisationsexterne Akteure, beispielsweise Bewerber, ausdrücklich einbezogen (vgl. Strohmeier 2002, S. 7 f.). Ruël et al. (2011, S. 26) stellen diesbezüglich klar, dass der Begriff des HRIS historisch bedingt zwar überwiegend auf Aktivitäten der Personalabteilungen bezogen war, netzbasierte Aktivitäten, einschließlich derjenigen von und mit Akteuren außerhalb dieser Abteilungen, aber nicht explizit ausschließt. Konzeptionell ist eHRM damit als Teilmenge von HRIS anzusehen (vgl. auch Kavanagh et al. 2012, S. 18).

5

# 3 PIS in der wissenschaftlichen Literatur zur Wirtschaftsinformatik

Die nachfolgenden Kapitel befassen sich mit der Bedeutung von PIS in unterschiedlichen Literaturquellen der Wirtschaftsinformatik. Dabei soll ermittelt werden, welche Bedeutung PIS seit Beginn der 1980er Jahre aus wissenschaftlicher Sicht zukam, und welche Schwerpunkte dabei gesetzt wurden.

## 3.1 Lehrbücher

Auf dem Gebiet der Wirtschaftsinformatik existieren zahlreiche Lehrbücher, die zur Vermittlung eines möglichst breiten Spektrums an Grundlagenwissen für Studium und Lehre konzipiert wurden. In Anbetracht dieses ganzheitlichen Anspruches lassen sich aus dem Raum, welcher der Behandlung eines bestimmten Themengebietes gegeben wird, Rückschlüsse auf dessen Bedeutung für die Wirtschaftsinformatik insgesamt ableiten.

Tabelle 1 enthält eine Übersicht über einige der am weitesten verbreiteten Standardwerke, deren jeweiliges Erscheinungsjahr, sowie die wesentlichen inhaltlichen Aspekte zum Thema PIS.

Mit Blick auf die angegebenen Seitenzahlen lässt sich zunächst feststellen, dass sich der Umfang der Ausführungen zur DV-Unterstützung im Personalwesen im Regelfall zwischen 2 bis 5 Seiten bewegt. In einigen Lehrbüchern wird das Thema gänzlich ausgeklammert.

Das Hauptaugenmerk der Ausführungen wird in nahezu allen Lehrbüchern auf die Beschreibung funktionaler Gesichtspunkte gelegt. Darüber hinaus sind vereinzelt Ausführungen zur Architektur eines PIS (vgl. Schwarzer und Krcmar 1996, S. 164 f.), zu den für eine IT-Unterstützung des Personalwesens erforderlichen Daten (vgl. Schwarze 2000, S. 279 f.), zur Einbindung unterschiedlicher Nutzergruppen (vgl. Hansen und Neumann 2005, S. 556) sowie zu den internen und externen Schnittstellen des Personalwesens (vgl. Holey et. al, 2007) vorzufinden.

Die relativ knappe Form der Abhandlungen resultiert aus dem Umstand, dass die Autoren IS des Personalwesens auf einer Gliederungseben neben denjenigen anderer betrieblicher Funktionsbereiche behandeln und allgemeingültige Aspekte, z. B. zur Architektur von IS, „vor die gemeinsame Klammer" ziehen. Mertens (1995, S. 74 ff.) unterscheidet etwa zwischen 12 Anwendungssystemen in der Industrie – darunter der „Sektor Personal" in Kapitel 5.1.10 – und 10 Anwendungssystemen im Dienstleistungsbereich.

Betrachtet man den Umfang der explizit auf den Bereich des Personalwesens entfallenden Ausführungen, liegt der Schluss nahe, dass die spezifische Bedeutung der PIS, als Unterfall eines funktionalen IS, für die Lehrbücher der Wirtschaftsinformatik eher gering sein dürfte. Auch ist festzustellen, dass die Inhalte zu PIS im Vergleich weit auseinanderliegender Auflagen derselben Lehrbücher, ggf. mehrfachen vollständigen Überarbeitungen zum Trotz, oft nur geringfügig erweitert wurden (vgl. z. B. Schwarzer und

6

Krcmar 1996 und 2010). Ein Umstand, der in Anbetracht der in der Realität ganz erheblichen Auswirkungen des technischen Fortschritts (u. a. des Internets) auf das betriebliche Personalwesen ebenfalls für die eher geringe beigemessene Bedeutung spricht.

**Tab. 1**  Lehrbücher der Wirtschaftsinformatik

| Autor | Jahr | Seite(n) | Inhaltliche Aspekte zu PIS |
|---|---|---|---|
| Hansen | 1983 | - | - |
| Stahlknecht | 1983 | 235-237, 270 | Funktionalitäten |
| Schwarze | 1991 | 343-346 | Daten<br>Funktionalitäten<br>Datenschutz |
| Mertens | 1995 | 102-104 | Funktionalitäten |
| Schwarzer und Krcmar | 1996 | 162-165 | Funktionalitäten<br>Architektur |
| Hansen | 1996 | - | - |
| Schwarze | 2000 | 279-281 | Daten<br>Funktionalitäten<br>Datenschutz |
| Heinrich | 2001 | - | - |
| Stahlknecht und Hasenkamp | 2002 | 348-351, 406 | Funktionalitäten |
| Mertens, et al. | 2004 | 109-111 | Funktionalitäten |
| Hansen und Neumann | 2005 | 556-562 | Funktionalitäten<br>Nutzer |
| Schwarzer | 2006 | - | - |
| Holey et al. | 2007 | 295-300 | Daten<br>Funktionalitäten<br>Schnittstellen |
| Heinrich et al. | 2007 | - | - |
| Ferstl und Sinz | 2008 | 85 f. | Funktionalitäten |
| Lehner et al. | 2008 | 188 f. | Funktionalitäten |
| Gronau und Gäbler | 2008 | - | - |
| Schwarzer und Krcmar | 2010 | 165-167 | Funktionalitäten<br>Architektur |
| Laudon et al. | 2010 | 445 f. | Daten<br>Funktionalitäten |
| Eymann und Balke | 2011 | - | - |

## 3.2  Lexika

In ähnlicher Weise wie Lehrbücher lassen auch Lexika der Wirtschaftsinformatik Rückschlüsse auf die Bedeutung von PIS für die Wirtschaftsinformatik zu. Im deutschsprachigen Raum gelten zwei Lexika als dominierend, die beide seit Mitte der 1980er Jahre in mehreren Auflagen erschienen sind.

7

Das „Wirtschaftsinformatik-Lexikon" (Heinrich und Roithmayr 1998) enthält rund 3500 Stichwörter und weitere 2500 Verweisstichwörter. Es weist ein eigenständiges Begriffssystem auf, in dem die Wirtschaftsinformatik in 6 Teilgebiete - u. a. in die Teilgebiete „Mensch", „Aufgabe" und „Technik" - und jedes Teilgebiet in Sachgebiete untergliedert werden. Dem Personalwesen wurde in diesem Begriffssystem ein eigenständiges Sachgebiet gewidmet, welches mit nur 10 Stichwörtern von den insgesamt 11 Sachgebieten des Teilgebietes „Aufgabe" den geringsten Raum einnimmt.

Das Stichwort „Personalinformationssystem" wird in vergleichsweise knappen Worten erläutert: Auf die Definition des Begriffs folgt lediglich eine exemplarische Aufzählung einzelner Teilaufgaben des Personalwesens (vgl. Heinrich und Roithmayr 1998, S. 403).

Im Gegensatz hierzu enthält das „Lexikon der Wirtschaftsinformatik" bei insgesamt nur etwa 400 Stichwörtern relativ umfangreiche Ausführungen zu den Komponenten der Architektur eines PIS, zur Art der Datenverarbeitung (Dialog- oder Batchbetrieb), sowie zu neuen Anwendungsmöglichkeiten im Rahmen des Internets (vgl. Mertens und Back 2001, S. 365-367). Unter dem Stichwort „computergestütztes Personalmanagement" werden ferner mögliche Einsatzgebiete von PIS auf operativer (z. B. Einsatzsteuerung von Mitarbeitern), taktischer (z. B. Aggregation operativer Daten) und strategischer Managementebene (z. B. langfristige Bestandsprojektionen) diskutiert (vgl. Mertens und Back 2001, S. 367 f.).

Insgesamt betrachtet lassen sich tendenzielle Aussagen über die Bedeutung des Themas für die Wirtschaftsinformatik aufgrund der alleinigen Fokussierung auf diese beiden Werke aber nur bedingt ableiten.

### 3.3 Fachzeitschriften

Einen verlässlichen Gradmesser für Forschungsaktivitäten zu einem Thema stellen diesbezügliche Publikationen in wissenschaftlichen Fachzeitschriften dar. Finden sich in den wichtigsten Fachzeitschriften keine Beiträge, so ist die Bedeutung des Themas aus wissenschaftlicher Sicht gering einzustufen.

Um den Ansprüchen der Wissenschaftlichkeit zu genügen, muss die Zeitschrift bei der Auswahl der Beiträge ein wirksames Begutachtungsverfahren praktizieren (vgl. Heinrich et al. 2007, S. 341). Eine Vorstellung der wichtigsten Zeitschriften der Wirtschaftsinformatik im deutsch- und englischsprachigen Raum, die diesem Kriterium genügen, findet sich bei Heinrich et al. (2007, S. 338-341).

Tabelle 2 enthält eine Übersicht über die Anzahl der wissenschaftlichen Beiträge in diesen Periodika mit inhaltlicher Ausrichtung auf PIS bzw. HRIS oder eHR.

8

**Tab. 2**  Anzahl Beiträge in Zeitschriften der Wirtschaftsinformatik

| Zeitschrift | erschienen seit[1] / durchsucht ab Jg. | wissenschaftliche Beiträge zu PIS |
|---|---|---|
| Enterprise Modelling and Information Systems Architectures | 2005 / 2005 | 0 |
| ERP Management – Zeitschrift für unternehmensweite Anwendungssysteme | 2005 / 2005 | 0 |
| HMD – Praxis der Wirtschaftsinformatik | 1964 / 1994 | 1 |
| IM - Information Management & Consulting | 1985 / 2000 | 3 |
| Information Systems Research (ISR) | 1990 / 1990 | 0 |
| Information Systems and eBusiness Management | 2003 / 2003 | 0 |
| MIS Quarterly (MISQ) | 1977 / 1977 | 1 |
| WIRTSCHAFTSINFORMATIK (WI) | 1959 / 1999 | 2 |

Die Beiträge in den Zeitschriften „IM - Information Management & Consulting" und „WIRTSCHAFTSINFORMATIK" erschienen jeweils gemeinsam, im Rahmen von Sonderheften zum Thema „e-Human Ressource" bzw. „IT & Personal".

Tabelle 3 enthält eine Zusammenfassung der Beiträge, ihrer Erscheinungszeitpunkte und inhaltlichen Zielsetzungen.

**Tab. 3**  Inhalte von Beiträgen in Zeitschriften der Wirtschaftsinformatik

| Autor(en) | Zeitschrift | Jahr | Inhaltliche Ausrichtung / Zielsetzung |
|---|---|---|---|
| DeSanctis | MISQ | 1986 | Auswertung einer Befragung US-amerikanischer Manager zu Aspekten der Implementierung und Nutzung von HRIS in ihren Unternehmen |
| Strohmeier | WI | 2000 | Metaanalyse zum Stand und zu Schwerpunkten der Forschung bzgl. IT-gestützter Personalwirtschaft |
| Mülder | WI | 2000 | Beschreibung von PIS aus unterschiedlichen Blickwinkeln; Praxiseinsatz, Marktübersicht und Trends |
| Strohmeier | IM | 2002 | Begriff und Konzept des eHR; Metaanalyse empirischer Studien |
| Busch und Brenner | IM | 2002 | Theoretisches Konzept zur Optimierung von Personalbeschaffungsprozessen auf Grundlage von internet-basierten PIS |
| Mülder | IM | 2002 | Beschreibung und Bewertung der eHR-Module E-Administration, E-Recruiting, e-Relationship-Management und eHR-Commerce & Communities |
| Klein et al. | HMD | 2010 | Kriterien, Eignung und Implikationen der Auslagerung von HR-Anwendungssystemen auf externe Software-as-a-Service-(SaaS-)Anbieter |

---

[1] Die Zeitschriften „WIRTSCHAFTSINFORMATIK" und „HMD – Praxis der Wirtschaftsinformatik" erscheinen im zweimonatigen Intervall, alle übrigen quartalsweise.

Zusammenfassend ist die geringe Anzahl wissenschaftlicher Beiträge zum Thema PIS bzw. HRIS, vor allem in den englischsprachigen Zeitschriften der Wirtschaftsinformatik, als sicherer Beleg für eine allgemein eher geringe Bedeutung des Themas zu werten. Zugleich bestätigt Tabelle 3 eine zunehmende Fokussierung auf Inhalte, die mit dem gestiegenen Einfluss der Internettechnik verbunden sind (vgl. Ruël et al. 2011, S. 27). In diesem Sinne unterscheidet Strohmeier (2006) in seiner Kategorisierung vorliegender Beiträge zur Technikfolgenbewertung nach Beiträgen vor und nach Einbruch des Internet-Zeitalters.

Bei Durchsicht der in o. g. Beiträgen zitierten Fundstellen fällt ferner auf, dass überwiegend auf personalwirtschaftliche Literaturquellen, insbesondere auf einschlägige Periodika wie „Human Ressource Management" oder „Personalwirtschaft", verwiesen wird. Dies legt den Schluss nahe, dass die „Informatisierung der Personalwirtschaft" (Strohmeier 2000) auf personalwirtschaftlicher Seite mit größerem Interesse verfolgt wird, als dies auf wirtschaftsinformatischer der Fall ist.

## 3.4 Fachtagungen

In ähnlicher Weise wie Fachzeitschriften geben auch die Tagungsbände von Fachtagungen der Wirtschaftsinformatik Aufschluss über die Aktualität und Bedeutsamkeit eines Themas.

Als für den deutschsprachigen Raum repräsentativ kann die seit 1993 in zweijährigen Intervallen stattfindende „Internationale Tagung Wirtschaftsinformatik" gelten, bei der in den Anfängen ca. 40 bis 50, in späteren Jahren dann bis zu weit über 100 Beiträge behandelt wurden. Eine Überprüfung der Tagungsbände hat ergeben, dass lediglich im Jahr 2009 drei Themen aus dem gesamten Bereich Personalwirtschaft vertreten waren, hiervon eines mit Bezug zu PIS (vgl. von Stetten et al. 2009).

Bei der ebenfalls in zweijährigen Intervallen stattfindenden „Multi-Konferenz Wirtschaftsinformatik" waren in der Zeit von 2002 bis 2010 hingegen überhaupt keine Beiträge zu PIS enthalten.

Ergänzend sei erwähnt, dass sich in jüngerer Zeit durchaus Workshops mit Ausrichtung auf computergestützte Personalarbeit herausgebildet haben, z. B. der seit 2006 stattfindende „European Academic Workshop on eHRM" oder der erstmalig im Jahr 2007 ausgerichtete „International Workshop on HRIS".

Mit Blick auf die großen Fachtagungen der Wirtschaftsinformatik ist die Bedeutung des Themas „Personalinformationssysteme" jedoch nichtsdestotrotz als gering einzustufen.

## 3.5 Monografien zu PIS

Schließlich geben auch die Anzahl verfügbarer Monografien sowie die diesen zugrundeliegenden Schwerpunkte und Zielsetzungen Aufschluss über die wissenschaftliche Bedeutung des Themas PIS für die Wirtschaftsinformatik.

In diesem Zusammenhang ist zunächst festzustellen, dass die Mehrzahl der bis in die frühen 1990er Jahre erschienenen Monografien zu PIS diese vor allem aus der Perspektive des Datenschutzes oder der Mitbestimmungsrechte nach dem Betriebsverfassungsgesetz behandeln (vgl. z. B. Trachimow 1992; Ortmann 1984). Die ansonsten in nicht allzu großer Zahl vorhanden Monografien mit wirtschaftsinformatischer Ausrichtung weisen oftmals starke Fokussierungen auf bestimmte Teilaspekte der Forschung zu PIS auf.

Galeos (1995) verfolgt etwa die Formulierung von Anforderungen an ein PIS als Komponente eines übergeordneten Führungsinformationssystems, d. h. aus der spezifischen Sicht des strategischen Managements. Einige ältere Monografien akzentuieren hingegen vor allem den Gestaltungsprozess von PIS und leiten praktische Empfehlungen für deren Planung, Entwicklung und Einführung ab (vgl. Heinrich und Pils 1979, S. 5 f.; Lang 1977, S. V f.). Leidglich in einigen neueren Werken werden ganzheitlichere Ansätze verfolgt (vgl. v. a. Kavanagh 2012, aber auch Strohmeier 2008).

Auch mit Blick auf die Literaturquelle der Monografien lässt sich somit eher nicht darauf schließen, dass PIS in der Wirtschaftsinformatik bislang besondere Beachtung gefunden hätten.

# 4 Ausgewählte Aspekte von PIS im Spiegel der Literatur

In der Literatur werden PIS unter verschiedenen Aspekten behandelt. Um die Bedeutung dieser Aspekte für die Literatur zu PIS beurteilen zu können, wird deren Darstellung in den bereits vorgestellten Literaturquellen nun miteinander verglichen.

## 4.1 Architektur

Schwarze definiert die Architektur eines IS als „die Gesamtheit aller Regeln, Vorschriften und Konzepte, die dem Aufbau eines IV-Systems zugrunde liegen" (Schwarze 2000, S. 138 unten). Zur Komplexitätsreduktion schlägt er die Einteilung der Architektur in elf Sichten vor. In ähnlicher Weise unterteilt Mülder (2000, S. 101-104) die Architektur eines PIS in Betroffenen-, Benutzer-, Zugriffs-, Funktions-, Daten-, Prozess-, Technik-, und Schnittstellensicht.

Im Gegensatz hierzu beschränken u. a. Kavanagh et al. (2012, S. 65-71) und Strohmeier (2008, S. 3) den Architekturbegriff auf den Aspekt der Softwarearchitektur. Grundlage für den Vergleich unterschiedlicher Architekturen bildet dabei das sog. Schichtenmodell gem. Abbildung 1. Diesem engeren Verständnis des Architekturbegriffs soll hier gefolgt werden.

**Softwarearchitektur**

| Schicht | Erläuterung |
|---|---|
| Präsentationsschicht | Komponenten zur Interaktion mit dem Benutzer (z. B. Eingabemasken, Browser) |
| Integrations- /Steuerungssicht | Fakultative Schicht: Steuerung des Dialogs mit dem Benutzer und Kommunikation zwischen den Einzelsystemen der Anwendungsschicht ("Middleware") |
| Anwendungsschicht | Fachliche Funktionen des Anwendungssystems; greift auf Dienste der Datenhaltungsschicht zu (z. B. Methoden, Algorithmen, Anwendungsmodule) |
| Datenhaltungsschicht | Speicherung, Laden und Suchen von Daten in Datenbank- und Dateisystemen |

**Abb. 2** Schichtenmodell (in Anlehnung an Strohmeier 2008, S. 5)

Bis in die 1980er Jahre hinein waren PIS zumeist von monolithischer Architektur, bei der sowohl alle Datenhaltungs- und Anwendungskomponenten, als auch die Benutzerschnittstelle innerhalb desselben Systems realisiert und nur in ihrer Gesamtheit nutzbar waren (vgl. Strohmeier 2008, S. 7 f.). Die Dateneingabe erfolgte zumeist über Erfassungsbelege in Rechenzentren, die Datenverarbeitung per Stapelverarbeitung auf Großrechnern. Heinrich und Pils (1979, S. 150 f.) verwiesen jedoch bereits auf die Möglichkeiten des Dialogbetriebes und der sog. „Stapelfernverarbeitung" an dezentralen Bildschirmterminals.

Während der 1980er Jahre wurden diese reinen Datensichtgeräte an den Arbeitsplätzen nach Kavanagh (2012, S. 66 f.) allmählich durch Personalcomputer (PC) mit grafischen Benutzeroberflächen (Graphical User Interface - GUI) ersetzt, die die Präsentations-schicht bildeten. Programme auf diesen PC übernahmen dabei die Rolle des sog. Clients, der auf die Applikationen und darunterliegende Datenschicht des Großrechners, des sog. Servers, zugreift („Client/Server-Architektur"). Beachtung fand diese Entwick-lung z. B. in der empirischen Studie von DeSanctis (1986, S. 21), die die Verwendung dieser neuartigen Technologie seinerzeit bei rund 10 Pro-zent der US-amerikanischen Großunternehmen ausmachte.

Kavanagh (2012, S. 67 f.) benennt mehrere Gründe, die in der Folge eine weitere Frag-mentierung der Architektur in horizontaler und vertikaler Richtung bewirkten:

- Durch eine Verteilung der Datenhaltungs- und Anwendungsschicht auf unterschied-liche Server wurde die technische Unabhängigkeit der Daten- von der kurzlebigeren Anwendungsseite verfolgt (vertikale Fragmentierung).
- Mit steigender Rechenleistung und zunehmenden Anforderungen von fachlicher Seite war auch eine Zunahme nebeneinander bestehender, zumeist heterogener Ein-zelsysteme innerhalb der Anwendungs- und Datenhaltungsebene zu verzeichnen (horizontale Fragmentierung).
- Da solche „Insellösungen" zu redundanter Datenhaltung und Medienbrüchen führ-ten, wurde mit der Hinzufügung einer weiteren Schicht, der sog. Integrations- oder Steuerungsschicht, reagiert (vertikale Fragmentierung). Diese als „Middleware" be-zeichnete Software koordinierte u. a. die Kommunikation der verschiedenen Einzel-systeme mit der Präsentationschicht sowie untereinander. Schwarzer (2006, S. 151-153) spricht in diesem Zusammenhang von einer „Architektur verteilter Objekte", Lehner (2008, S. 155) von „verteilten Systemen".

Die Verwendung von Portallösungen auf der Ebene der Steuerungsschicht erlaubte zu-gleich erstmalig den Einsatz von Browsern auf der Ebene der Präsentationsschicht, und damit eine deutliche Entlastung der Arbeitsplatz-PC von zusätzlicher Rechenleistung.

Eine Architekturform, die auf die Vorteile physisch separierbarer Module abstellt, und dennoch ohne zusätzliche Integrationsschicht auskommt, wird bei Strohmeier (2008, S. 9 f.) unter dem Stichwort der modularen Makroarchitektur diskutiert, und zumeist im Rahmen standardisierter Softwarepakete angeboten. Als ganzheitlich aufeinander abge-stimmte Systeme bieten sie nach Schwarzer und Krcmar (2010, S. 152 f.) ein hohes Maß an horizontaler, d. h. funktionaler Integration, und unterstützen damit eine stärker an den betrieblichen Prozessen orientierte Ausrichtung. Beispielhaft kann die Verarbeitung von An- und Abwesenheitsdaten aus dem Modul „Zeitwirt-schaft" im Modul „Personalabrechnung" genannt werden. Die Ebene der Datenhal-tungsschicht wird durch ein gemeinsam genutztes, weitgehend redundanzfreies Daten-banksystem realisiert (Datenintegration).

Eine Architekturform, welche in den späten 1990er Jahren entwickelt, aber erst im Laufe der vergangenen Dekade auch verstärkt mit IT-gestützter Personalwirtschaft in Verbindung gebracht wurde (vgl. Schwarzer und Krcmar 2010, S. 153 f.), ist die der sog. serviceorientierten Architektur (SOA). Hierbei werden, auf Basis ggf. unterschiedlichster Technologien auf Datenhaltungs- und Anwendungsebene, eine Vielzahl unabhängiger, „gekapselter" Funktionen als sog. „Dienste" oder „Services" bereitgestellt, die von der Integrationsschicht über einheitliche Schnittstellen gesteuert werden. SOA verbinden damit die Vorteile verteilter Architekturen, nämlich die Kombinierbarkeit heterogener Systeme, mit denjenigen modularer Strukturen, nämlich einem hohen Grad horizontaler Integration.

Kavanagh (2012, S. 70 f.) identifiziert unter dem Stichwort „Cloud Computing" schließlich ein erst in der zweiten Hälfte der vergangenen Dekade entstandenes Architekturparadigma, welches das von SOA bekannte Prinzip der Modularisierung auf Dienste erweitert, die unmittelbar aus dem Internet bezogen werden. Das „Leasen" von Anwendungen einschließlich der dazugehörigen Rechenleistungen eines Internet-Anbieters wird dabei als „Software-as-a-Service" (SaaS) bezeichnet.

Mit Blick auf die Literatur zu PIS und deren Architektur im Speziellen ist zusammenfassend festzustellen, dass Aspekte der System- bzw. Softwarearchitektur zumeist nichtpersonalwirtschaftsspezifisch behandelt werden (vgl. Strohmeier 2000, S. 92). Wie bereits in Kap. 3.1 beschrieben, werden Architekturaspekte in Lehrbüchern als allgemeine Grundlage regelmäßig den Betrachtungen spezieller IS vorangestellt. In älteren Monografien werden sie zwar anhand personalwirtschaftlicher Termini erläutert („Personal-Methodenbank", „Personal-Datenbank"). Mit Ausnahme datenschutzrechtlicher Aspekte werden jedoch keine spezifischen Aspekte der Personalwirtschaft identifiziert (vgl. Lang 1977, S. 26-41).

Erst seit dem Einzug modularer Architekturen und der damit einhergehenden Prozessorientierung werden prozessuale Besonderheiten des Personalwesens in der Literatur stärker berücksichtigt. So unterscheidet etwa Strohmeier (2008) insgesamt 25 verschiedene Teilsysteme eines PIS hinsichtlich ihrer idealtypischen Architekturen.

Zu einer Belebung wissenschaftlicher Forschungsaktivitäten führte zuletzt auch die Frage, ob und wie Dienste des Internets aus personalwirtschaftlicher Sicht genutzt werden können. Exemplarisch sei ein Beitrag von Klein et al. (2010) genannt, in dem einzelne Anwendungssysteme des Personalwesens hinsichtlich ihrer Geeignetheit für SaaS untersucht wurden.

## 4.2 Schnittstellensicht

Allgemein ist unter einer Schnittstelle „jeder gedachte oder tatsächliche Übergang an der Grenze zwischen zwei Funktionseinheiten mit den vereinbarten logischen und konstruktiven Regeln für die Übergabe von Nachrichten oder Signalen" zu verstehen (Heinrich und Roithmayr 1998, S. 468). Im vorangegangenen Kapitel wurde bereits darauf eingegangen, dass, in Abhängigkeit vom Grad seiner Fragmentierung bzw. Modularisierung, bereits innerhalb eines PIS zahlreiche Schnittstellen existieren können. Nachfolgend werden daher nur noch die Literaturquellen zu denjenigen Schnittstellen betrachtet, die zwischen einem PIS und seiner Umgebung bestehen.

In der Literatur wird zumeist zwischen organisationsinternen und -externen Schnittstellen unterschieden (vgl. z. B. Holey et al. 2007, S. 299). Als interne Schnittstellen von PIS werden traditionell

- die unidirektionale Verbindung zum Rechnungswesen (Finanzbuchhaltung und Kostenrechnung) und

- die bidirektionale Verbindung zu Produktionsplanungs- und Steuerungssystemen zum Zwecke der Verfügbarkeitsprüfung und Leistungslohnfindung

genannt (vgl. DeSanctis 1986, S. 20 f.; Mertens 1995, S. 91 und 95). Ein „integriertes PIS" setzt nach Mülder (1998, S. 569) voraus, dass alle personalwirtschaftlichen Module und benachbarten betriebswirtschaftlichen Funktionen miteinander verzahnt sind. Er betont ferner die Notwendigkeit der Verknüpfung mit Office-Produkten und Workflow-Managementsystemen.

Während unter „horizontaler Integration" die Verzahnung funktionaler Anwendungen zu einem durchgängigen Prozess verstanden wird, bezeichnet „vertikale Integration" die durchgängige Verwendung meist verdichteter operativer Daten auf den oberen Hierarchieebenen des Unternehmens. Eingangs wurde bereits die Systemklasse der EIS und DSS beschrieben, welche grundsätzlich alle betrieblichen Funktionsbereiche umfassen können. Mit diesen entstand Mitte der 1980er Jahre auch das Konzept des sog. Data Warehouse, in welchem die auszuwertenden Daten aller Funktionsbereiche zunächst einheitlich formatiert gesammelt werden. Die regelmäßige „Datenlieferung" des PIS an ein solches Data Warehouse vollzieht sich nach Mülder (2000, S. 104) ebenfalls über eine interne Schnittstelle.

Ein seit den 1990er Jahren diskutierter Aspekt ist die Bedeutung der Enterprise Resource Planning-(ERP-)Systeme, deren unternehmensweite modulare oder serviceorientierte Architekturen die vollständige Standardisierung sämtlicher interner Schnittstellen ermöglichen (vgl. Schwarzer und Krcmar 2010, S. 152-154, Mülder 1999, S. 62).

Als externe Schnittstellen führen Holey et al. (2007, S. 300) die im Rahmen der Personalabrechnung anfallenden Zahlungen, Bescheinigungen und Meldungen für Mitarbeiter und staatliche Stellen (z. B. Finanzämter) an.

Vielfach diskutiert werden ferner die Möglichkeiten, die sich für eHRM durch die Nutzung von Schnittstellen zu internetbasierten Applikationen ergeben (vgl. Strohmeier 2002, S. 11, Busch und Brenner 2002, S. 21). Insbesondere in Verbindung mit der Frage, ob bestimmte Applikationen auf externe Softwareanbieter ausgelagert werden können, wird die sog. Schnittstellenkomplexität als eines von vier SaaS-Eignungskriterien diskutiert: Je mehr Schnittstellen ein in sich geschlossenes Einzelsystem zu anderen Einzelsystemen aufweist, desto schlechter ist es für eine Auslagerung geeignet (vgl. Klein 2010, S. 28).

## 4.3 Funktionssicht

Betrachtet man die Entstehungsgeschichte automatisierter Datenverarbeitung im Personalwesen, stellt man fest, dass diese bis in die 1960er Jahre hinein auf die weitgehend in sich geschlossenen Aufgabenkomplexe der Personalabrechnung sowie auf die Verwaltung von Personalstammdaten beschränkt war (vgl. DeSanctis 1986, S. 15 f.). Ab den 80er Jahren wurden diese IS schließlich um komplexere Funktionen erweitert, die die Effektivitätssteigerung des eingesetzten Personals bezweckten (vgl. Hendrickson 2003, S. 382).

In den gesichteten Lehrbüchern, aber auch in Monografien und diversen Zeitschriftenartikeln, finden sich divergierende Aufzählungen und Abgrenzungen der von PIS unterstützten oder unterstützbaren Teilaufgaben des Personalwesens. Als verbreitete Einteilung kann die von Schwarze (2000, S. 279 f.) vorgenommene angesehen werden. Darin wird einerseits zwischen der Personaladministration - bestehend aus der Lohn- und Gehaltsabrechnung, der Arbeitszeiterfassung, der Erstellung routinemäßiger Auswertungen und turnusmäßiger Meldungen an externe Stellen (z. B. an Sozialversicherungsträger) - sowie dispositiven Planungsaufgaben andererseits unterschieden. Letztere werden, in Anlehnung an gängige Einteilungen personalwirtschaftlicher Literatur (vgl. Jung 2011 S. 5), wie folgt unterteilt:

-   Die **Personalbedarfsplanung** ermittelt auf der Grundlage anderer (Absatz- / Produktions-)Pläne, welcher Personalbedarf kurz- oder mittelfristig gegeben ist.
-   Maßnahmen der **Personalbeschaffung- und –freisetzung** basieren auf der Grundlage des nach Anzahl, Qualität, Zeitpunkt, Dauer und Einsatzort festgestellten Personalbedarfs.
-   Die **Personaleinsatzplanung** befasst sich mit dem anforderungs- und eignungsgerechten Einsatz des vorhandenen Personals, insbesondere durch Zuordnung adäquater Stellen bzw. Arbeitsplätze.
-   Die **Personalentwicklungsplanung** befasst sich mit Maßnahmen, die auf die Förderung sowie die Aus-, Fort- und Weiterbildung der Mitarbeiter abzielen.

Unter **Personalbeurteilung** wird ferner die Erfassung von Leistungen, Verhalten und Potenzialen der Mitarbeiter verstanden, die wiederum als Basis für leistungsbezogene Entlohnung sowie der weiteren Personaleinsatz- und entwicklungsplanung dient (vgl. Jung 2011, S. 5).

Mülder (1998, S. 570) bezeichnet PIS, die alle fachlichen Anforderungen abdecken können, als „funktionsmächtig". Gleichwohl wird sowohl in älteren, als auch in neueren Publikationen übereinstimmend festgestellt, dass eine vollständig oder weitestgehend automatisierte Unterstützung nur im Bereich administrativer Aufgaben denkbar ist (vgl. Heinrich und Pils 1979, S. 46-48; Klein 2011, S.27). Neuere Beiträge akzentuieren jedoch häufig die Fortschritte, die in der Qualität dieser Unterstützung erzielt werden konnten.

Hendrickson (2003, S. 383) unterteilt etwa das Spektrum dieser Fortschritte anhand der dazugehörigen personalwirtschaftlichen Teilaufgaben in

1. Teilaufgaben, die von jeher (teil-)automatisiert erfüllt wurden, und durch eine verbesserte IT-Unterstützung zumindest effizienter, also mit geringerem Zeit- oder Ressourcenaufwand erfüllt werden können (z. B. Personalabrechnung),
2. Teilaufgaben, die sich zusätzlich auch effektiver, d. h. qualitativ besser erfüllen lassen, weil z. B. größere Datenmengen automatisiert, und damit zuverlässiger abgeglichen werden (z. B. Personaleinsatzplanung) und
3. Teilaufgaben, die durch neuartige IT-Unterstützung überhaupt erst entstanden sind oder sich inhaltlich stark verändert haben (z. B. e-Recruiting; vgl. auch Strohmeier 2002, S. 10).

Mit Blick auf die gesichtete Literatur ist übereinstimmend mit Strohmeier (2000, S. 92) festzustellen, dass sich deren überwiegender Anteil auf die Beschreibung oder Gestaltung funktionaler Aspekte fokussiert, die Funktionssicht also von den in dieser Arbeit betrachteten Sichten den breitesten Raum einnimmt. Dabei konzentrieren sich die Beiträge in jüngster Zeit am stärksten auf die personalwirtschaftliche Teilaufgabe der Personalbeschaffung, gefolgt von denen der Personaladministration und Personalentwicklung (vgl. Strohmeier 2002,S. 92).

Busch und Brenner (2002) beschreiben etwa die Entwicklung IT-gestützter Personalbeschaffung in drei Entwicklungsstufen. Ausgehend von einer „herkömmlichen" Stellenausschreibung, bei der alle Bewerberdaten in der Personalabteilung gesammelt und erfasst werden, erfolgt in einem ersten Schritt der Übergang zu einem internetbasierten PIS, mit Anbindung Fachvorgesetzter und Mitarbeiter zur direkten Erfassung von Stellenbeschreibungen oder Abgabe von Online-Bewerbungen. Im zweiten Schritt erfolgt eine vollständige Auslagerung der Personalbeschaffungsaktivitäten in Jobbörsen des Internets (vgl. Busch und Brenner 2002, S. 23).

Den Aufgabenbereich der Personaladministration dominieren Beiträge zur Nutzung sog. „Self-Services", bei denen Mitarbeiter („Employee Self Service" - ESS) und Führungskräfte („Manager Self Service" - MSS) personenbezogene Daten eigenständig einpflegen, und damit die Personalabteilung von zeitaufwändigen Erfassungsarbeiten entlasten (vgl. Hendrickson 2003, S. 391).

Im Zusammenhang mit der Personalentwicklung werden Mitarbeiterportale und deren Möglichkeiten diskutiert, Mitarbeitern als „Kunden" der Personalabteilung Informationsangebote bereitzustellen (vgl. Mülder 2002, S. 65).

## 4.4 Nutzersicht

Ein Aspekt von PIS, der in den letzten drei Jahrzehnten zunehmend stärker ins Zentrum wissenschaftlichen Interesses gerückt wurde, ist die Frage, welche Personenkreise als aktive Benutzer, und welche nur als passive Empfänger der Informationen eines PIS in

Betracht kommen. Einer gängigen Kategorisierung zufolge kann zwischen organisationsinternen und –externen Akteuren unterschieden werden:

**Tab. 4**    Akteure von PIS

|  | Akteure |
|---|---|
| **Organisationsintern** | IT-Fachkräfte<br>Personalbearbeiter<br>Führungskräfte<br>Mitarbeiter |
| **Organisationsextern** | Bewerber<br>Öffentliche Verwaltungen (z. B. Finanzämter)<br>Partnerunternehmen (z. B. Zeitarbeitsfirmen) |

Während in älteren Arbeiten noch davon ausgegangen wurde, dass die Benutzung, also die Datenerfassung, -auswertung und –ausgabe, bestimmten IT-Fachkräften innerhalb oder außerhalb der Personalabteilung vorbehalten ist (vgl. Lang 1977, S. 89-91), lässt sich in jüngerer Vergangenheit ein immer stärkerer Trend zur Dezentralisierung dieser Aufgaben und Verlagerung an den Ort der Datenentstehung bzw. des Informationsbedarfs verzeichnen (vgl. Busch und Brenner 2002, S. 21).

Ermöglicht wurden diese Trends v. a. durch folgende technische Fortschritte (vgl. Kavanagh 2012, S. 67 f.):

- Seit der Verwendung von GUI Mitte der 1980er Jahre waren Computer auch von Mitarbeitern mit begrenzten IT-Fachkenntnissen bedienbar. Tannenbaum (1990, S. 28-30) rechnete den Personenkreis der Personalbearbeiter seinerzeit bereits den aktiven Nutzern zu, den der Führungskräfte außerhalb der Personalabteilung hingegen erst als im Übergang dorthin begriffen.

- Seit dem Einzug der Internettechnologie Mitte der 1990er Jahre konnten beliebig viele vernetzte Computer von weltweit jedem beliebigen Ort aus über einen einfachen Webbrowser auf das System zugreifen. Der Einsatz von Portalen erleichterte dabei die Gewährung nutzerspezifischer Zugriffsberechtigungen. Mülder (2000, S. 102) berichtet in diesem Zusammenhang von einem sprunghaften Anstieg der PIS-Nutzer, durch zunehmende Anbindung der Mitarbeiter mit lesenden Zugriffsrechten auf ihren Datenbestand. Die bereits erwähnten „Self-Services" sowie die Anbindung externer Bewerber im Rahmen von Online-Bewerbungen zeichneten sich bereits als „Entwicklungstrends" ab (siehe Kapitel 4.3).

Gegenwärtig ist das Zentrum des wissenschaftlichen Interesses vor allem auf die Erschließung der sog. Social Software für Zwecke des Personalmanagements gerichtet. Klein (2011, S. 4 oben) definiert Social Software als *"webbasierte Anwendungen [...], die es Benutzern erlauben, mit anderen Nutzern der Anwendung im nicht formal organisierten Rahmen, durch Kommunikation, Kooperation oder Kollaboration, langfristig zu*

18

*interagieren. Dabei sind erstellte Inhalte und involvierte Nutzer kontinuierlich miteinander vernetzt".*

Aus Nutzersicht führt die Einbeziehung interaktiver Dienste des Internets, insbesondere sozialer Netzwerke (z. B. „XING") oder Online-Jobbörsen (z. B. „Monster") zu einer stärkeren Einbindung von Bewerbern und den Betreibern dieser Dienste.

Zugleich wird in Anbetracht der immer konsequenteren Erfassung von Daten am Ort ihrer Entstehung auch die zunehmende Auslagerung ursprünglich originärer Aufgaben der Personalabteilungen thematisiert (vgl. Ruël et al. 2011, S. 29). Strohmeier (2002, S. 9) wirft in diesem Zusammenhang schließlich die Frage auf, inwiefern Interaktionsformen zwischen zwei organisationsexternen Akteuren dem Einflussbereich des eHR (bzw. PIS) überhaupt noch zugerechnet werden können.

# 5 Zusammenfassung und kritische Würdigung

Wie ist die Bedeutung von PIS in der wissenschaftlichen Literatur zur Wirtschaftsinformatik nun zusammenfassend zu bewerten?

Schon ein Blick auf die begriffliche Auffassung vermittelt ein eher uneinheitliches Bild, welches eine eindeutige Einordnung des PIS-Konzeptes in das Gefüge wirtschaftsinformatischer Systemklassen erschwert. Legt man, wie in dieser Arbeit geschehen, ein weit gefasstes Begriffsverständnis zugrunde, stößt man unweigerlich auf eine Vielzahl verwandter Konzepte und Neologismen (z. B. „eHR", „Personalmanagementsystem"), denen ihrerseits teilweise unterschiedliche Bedeutungen beigemessen werden.

Vor dem Hintergrund der in Kapitel 3 analysierten Literaturquellen der Wirtschaftsinformatik muss die Bedeutung der PIS schließlich als gering eingestuft werden. Während das Thema „IT im Personalwesen" in Lehrbüchern und Lexika noch kursorisch behandelt wird, nahm es in den gesichteten Periodika und auf Fachtagungen bislang praktisch keinen nennenswerten Raum ein.

Auch die wenigen verfügbaren Zeitschriftenbeiträge vermögen diesen Eindruck nicht zu widerlegen, da sie zum Teil nur als Einführungen in das Thema (vgl. Mülder 2000 und 2002) oder Metaanalyse der zum Thema PIS bzw. eHR existierenden Forschungsarbeiten (vgl. Strohmeier 2000 und 2002) konzipiert sind. Darin wird verschiedentlich der gravierende Mangel an theoretischen Fundierungen und der eher dünne Erklärungsgehalt der in großer Zahl existierenden Erfahrungsberichte und bloßen Gestaltungsempfehlungen zum Thema PIS bedauert (vgl. Mülder 2000, S. 99; Strohmeier 2000, S. 91).

Gleichwohl ist festzustellen, dass sich unter dem Einfluss der Internettechnologie sowohl in der Theorie, als auch in der betrieblichen Praxis allmählich ein stärkeres Interesse an der Thematik zu regen scheint, welches sich letztlich in allen der in Kapitel 4 betrachteten Aspekte wiederspiegelt.

Waren PIS in den Anfängen der 1980er Jahre noch vor allem dazu konzipiert, administrative Aufgaben effizienter und effektiver zu gestalten, liefern sie heute auch wichtige Beiträge zur Unterstützung dispositiver Aufgaben, tragen also erheblich zur strategischen Ausrichtung der Unternehmen im vielzitierten „War for Talents" bei. Aus diesem Grunde ist zu erwarten, dass das Thema PIS zukünftig auch aus wissenschaftlicher Sicht stärkere Bedeutung in der Wirtschaftsinformatik erlangen wird. Unter den Stichworten „Social Software" und „Software-as-a-Service" wurden bereits zwei Aspekte von praktischer Relevanz genannt, die Ansatzpunkte für wissenschaftliche Fundierungen hinsichtlich ihrer technischen Umsetzung, Einsatzmöglichkeiten und Folgewirkungen böten.

# Literaturverzeichnis

Alde, Erhard (2011): Personalmanagementsysteme. Wismar: WINGS – Wismar International Graduation Services GmbH

DeSanctis, Gerardine (1986): Human Resource Information Systems: A Current Assessment. In: MIS Quarterly. Vol. 10 (1), S. 15-27

Domsch, Michel (1972): Personal-Informationssysteme. Instrumente der Personalführung und Personalverwaltung. Hamburg: SCS.

Busch, Carsten; Brenner, Walter (2002): Zukünftige Prozesse in der Personalbeschaffung auf Grundlage von internet-basierten Personalinformationssystemen. In: IM - Information Management & Consulting. Jg. 17 (2), S. 20-30.

Eymann, Torsten; Balke, Tina (2011): Grundlagen der Wirtschaftsinformatik. Stuttgart: Kohlhammer.

Fellberg, Ursula-Christina; Neumann, Michael (1997): Prozeßgestaltung und Standardsoftware als Basis für ein modernes, internationales Personal-Managementsystem. In: Lohn + Gehalt. Jg. 8 (2), S. 40-45

Ferstl, Otto; Sinz, Elmar (2008): Grundlagen der Wirtschaftsinformatik. 6. Aufl. München: Oldenbourg.

Friedl, Sven (2005): Personalmanagementsystem – Trend zu integrierter Software. In: Arbeit und Arbeitsrecht. Jg. 60 (2), S. 98-102

Galeos, Georgios (1995): Das strategische Personalinformationssystem als Komponente von "Executive Information Systems". Aachen: Shaker.

Gluchowski, Peter; Gabriel, Roland; Dittmar, Carsten (2008): Management-Support-Systeme und Business intelligence. Computergestützte Informationssysteme für Fach- und Führungskräfte. 2. Aufl. Berlin, Heidelberg: Springer.

Gronau, Norbert; Gäbler, Andreas (2008): Einführung in die Wirtschaftsinformatik. Berlin: Gito.

Hansen, Hans Robert (1983): Einführung in die betriebliche Datenverarbeitung. Hans Robert Hansen. 4. Aufl. Stuttgart [u.a.]: Fischer.

21

Hansen, Hans Robert (1996): Grundlagen betrieblicher Informationsverarbeitung. 7. Aufl. Stuttgart [etc.]: Fischer.

Hansen, Hans Robert; Neumann, Gustaf (2005): Wirtschaftsinformatik 1 - Grundlagen und Anwendungen, 9. Auflage, Lucius & Lucius, Stuttgart

Heinrich, Lutz Jürgen (2001): Wirtschaftsinformatik. Einführung und Grundlegung. 2. Aufl. München, Wien: Oldenbourg.

Heinrich, Lutz Jürgen; Heinzl, Armin; Roithmayr, Friedrich (2007): Wirtschaftsinformatik. Einführung und Grundlegung. 3. Aufl. München [u.a.]: Oldenbourg.

Heinrich, Lutz Jürgen; Pils, Manfred (1979): Betriebsinformatik im Personalbereich. D. Planung computergestützter Personalinformationssysteme. Würzburg, Wien: Physica-Verlag.

Heinrich, Lutz Jürgen; Roithmayr, Friedrich (1998): Wirtschaftsinformatik-Lexikon. 6. Aufl. München [u.a.]: Oldenbourg.

Hendrickson, Anthony (2003): Human Ressource Information Systems: Backbone Technology of Contemporary Human Resources. In: Journal of Labour Research, Jg. 24 (3), S. 381-394

Holey, Thomas; Welter, Günter; Wiedemann, Armin (2007): Wirtschaftsinformatik. 2. Aufl. Ludwigshafen (Rhein): Kiehl.

Jung, Hans (2011): Personalwirtschaft. 9. Aufl. München: Oldenbourg.

Kavanagh, Michael; Thite, Mohan; Johnson, Richard David (2012): Human resource information systems. Basics, applications, and future directions. 2. Aufl. Thousand Oaks, Calif: SAGE.

Klein, Marco et al. (2010): SaaS für HR-Anwendungssysteme – Kriterien, Eignung und Implikationen. In: HMD - Praxis der Wirtschaftsinformatik. Jg. 47 (4), S. 25-33

Klein, Marco und Schumann, Matthias (2011): Social Software in Personalmanagementprozessen. Stand der Forschung und zukünftige Forschungsrichtungen. www2.as.wiwi.uni-goettingen.de/getfile?DateiID=714 besucht am 03.05.2012

Lang, Norbert (1977): Das Personal-Informationssystem. Ansatzpunkte, Systemgestaltung, Anwendung, Aschaffenburg, o. V.

Laudon, Kenneth; Laudon, Jane Price; Schoder, Detlef (2010): Wirtschaftsinformatik. Eine Einführung. 2. Aufl. München, Boston, Mass. [u.a.]: Pearson Studium.

Lehner, Franz; Scholz, Michael; Wildner, Stephan (2008): Wirtschaftsinformatik. Eine Einführung. 2. Aufl. München: Hanser.

Mertens, Peter (1995): Grundzüge der Wirtschaftsinformatik. 3. Aufl. Berlin; Heidelberg, New York, London, Paris, Tokyo, Hong Kong, Barcelona, Budapest: Springer.

Mertens, Peter et. al. (2004): Grundzüge der Wirtschaftsinformatik, 8. Auflage, Berlin, New York: Springer.

Mertens, Peter; Back, Andrea (2001): Lexikon der Wirtschaftsinformatik. 4. Aufl. Berlin, New York: Springer.

Mülder, W. (1998): Entwicklungstrends bei computergestützten Personalinformationssystemen, in: Personal, Heft 11/1998. S. 569-573

Mülder, Wilhelm (1999): Computergestütze Personalarbeit mit SAP R/3 HR - erfolgreich durch moderne Software. In: Schmeisser, Wilhelm; Clermont, Alois; Protz, Alfred (Hrsg.): Personalinformationssysteme & Personalcontrolling. Auf dem Weg zum Personalkosten-Management. Neuwied: Luchterhand, S. 49-75.

Mülder, Wilhelm (2000): Personalinformationssysteme – Entwicklungsstand, Funktionalität und Trends, in: Wirtschaftsinformatik, 42. Jahrgang, Sonderheft IT & Personal, 2000, S. 98-106

Mülder, Wilhelm (2002): Webbasiertes Personalmanagement. In: IM - Information Management & Consulting. Jg. 17 (2), S. 61-66.

23

Ortmann, Günther (1984): Der zwingende Blick. Personalinformationssysteme, Architektur der Disziplin. Frankfurt/Main; New York: Campus.

Ruël, Huub; Magalhäaes, Rodrigo; Chiemeke, Charles (2011): Human Resource Information Systems: An Integrated Research Agenda. In: Bondarouk, Tanya; Ruël, Huub; Looise, Jan Kees: Electronic HRM in theory and practice. 1. Aufl. Bingley: Emerald Group Pub.

Schwarze, Jochen (1991): Einführung in die Wirtschaftsinformatik. 2. Aufl. Herne, Berlin: Verl. Neue Wirtschafts-Briefe.

Schwarze, Jochen (2000): Einführung in die Wirtschaftsinformatik. 5. Aufl. Herne, Berlin: Verl. Neue Wirtschafts-Briefe.

Schwarzer, Bettina; Krcmar, Helmut (1996): Wirtschaftsinformatik. Grundzüge der betrieblichen Datenverarbeitung. Stuttgart: Schäffer-Poeschel.

Schwarzer, Bettina; Krcmar, Helmut (2010): Wirtschaftsinformatik. Grundlagen betrieblicher Informationssysteme. 4. Auflage, Stuttgart: Schäffer-Pöschel Verlag

Schwarzer, Jens (2006): Wirtschaftsinformatik. Nachschlagewerk für Studium und Praxis. 1. Aufl. Hg. v. Wolfgang Lassmann. Wiesbaden: Gabler.

Stahlknecht, Peter (1983): Einführung in die Wirtschaftsinformatik. Berlin <etc.>: Springer.

Stahlknecht, Peter; Hasenkamp, Ulrich (2002): Einführung in die Wirtschaftsinformatik. 10., überarb. und aktualisierte Aufl., 166. - 184. Tsd. Berlin [u.a.]: Springer.

Strohmeier, Stefan (1995): Von Personalinformations- bis Personalcontrollingsystemen In: Personal - Zeitschrift für Human Resource Management, Jg. 1995 Heft 05, S. 249-258

Strohmeier, Stefan (2000): Informatisierung der Personalwirtschaft: Eine kritische Bestandsaufnahme gegenwärtiger Forschung, in: Wirtschaftsinformatik, 42. Jahrgang, Sonderheft IT & Personal, 2000, S. 90-96

Strohmeier, Stefan (2002): eHR: Begriff, Konzept und Praxis. In: IM - Information Management & Consulting. Jg. 17 (2), S. 6-14.

Strohmeier, Stefan (2006): Coping with Contradictory Consequences of e-HRM. In: Proceedings of the first European academic workshop on electronic human resource management. University of Twente, o. S.

Strohmeier, Stefan (2008): Informationssysteme im Personalmanagement. Architektur, Funktionalität, Anwendung. 1. Aufl. Wiesbaden: Vieweg + Teubner.

Tannenbaum, Scott (1990): HRIS: User Group Implications. In: Journal of systems management. Vol. 41 (1), S. 27-32

Trachimow, Knut (1992): Personalinformationssysteme und Mitarbeitervertretung. Wien: Verl. der Österr. Staatsdr.

von Stetten et al. (2009): „Does it matter in recruiting?" – Eine länderübergreifende Kausalanalyse. In: 9. Internationale Tagung Wirtschaftsinformatik. Band 2, S. 307-316

www.ingramcontent.com/pod-product-compliance
Lightning Source LLC
La Vergne TN
LVHW042309060326
832902LV00009B/1366